BEI GRIN MACHT SICH IHR WISSEN BEZAHLT

- Wir veröffentlichen Ihre Hausarbeit,
  Bachelor- und Masterarbeit

- Ihr eigenes eBook und Buch -
  weltweit in allen wichtigen Shops

- Verdienen Sie an jedem Verkauf

Jetzt bei www.GRIN.com hochladen
und kostenlos publizieren

Wappenbrief des Kaisers Friedrich III. von 1461 für die Stadt Wien

Bibliografische Information der Deutschen Nationalbibliothek:

Die Deutsche Nationalbibliothek verzeichnet diese Publikation in der Deutschen Nationalbibliografie; detaillierte bibliografische Daten sind im Internet über http://dnb.d-nb.de abrufbar.

ISBN: 9783346700247
Dieses Buch ist auch als E-Book erhältlich.

© GRIN Publishing GmbH
Nymphenburger Straße 86
80636 München

Druck und Bindung: Books on Demand GmbH, Norderstedt Germany
Gedruckt auf säurefreiem Papier aus verantwortungsvollen Quellen

Das vorliegende Werk wurde sorgfältig erarbeitet. Dennoch übernehmen Autoren und Verlag für die Richtigkeit von Angaben, Hinweisen, Links und Ratschlägen sowie eventuelle Druckfehler keine Haftung.

Das Buch bei GRIN: https://www.grin.com/document/1257647

Der Wappenbrief des Kaisers Friedrich III. von 1461 für die Stadt Wien

Kursarbeit

SS 2022

06. Juli 2022

Inhaltsverzeichnis

Einleitung

Kaiser Friedrich III. wollte die Stadt Wien mit einem Wappenbrief verleihen.[1] Grund dafür war der Konflikt zwischen ihm und seinem Bruder, dem Erzherzog Albrecht IV. Für die Wiener Bevölkerung war dieser Konflikt problematisch, da sie sich während des Sommers 1461 entweder Friedrich III. oder zu Albrecht IV. bekennen mussten. Die Mehrheit der Wiener entschied sich für Kaiser Friedrich III. Diesem gelang es daher am 12. August 1461, die Truppen von Albrecht IV. zurückzuweisen. Grundsätzlich hätte die erfolgreiche Zurückweisung einen Wappenbrief für die Stadt Wien bedeutet. Am 26. September 1461 wurde der Wappenbrief in Leoben von Kaiser Friedrich III. ausgestellt, aber aufgrund eines Konflikts zwischen Kaiser Friedrich III. und der Stadt Wien verlor die Stadt das Recht zur Führung des Wappenbriefes. Der Konflikt dauerte zwei Jahre. Als Erzherzog Albrecht IV. 1463 starb, wurde der Konflikt beigelegt. Die Stadt Wien erhielt 1464 das verlorene Recht zurück.[2]

Der Wappenbrief des Kaisers Friedrich III. von 1461 für die Stadt Wien wird in dieser Arbeit näher betrachtet. Diese Arbeit umfasst vier Kapitel. Im ersten Kapitel werden allgemeine Informationen zu Wappenbriefen dargestellt. Im zweiten Kapitel wird der spezifische Wappenbrief von 1461 behandelt. Das dritte Kapitel umfasst die politischen Hintergründe hinsichtlich des Wappenbriefes von 1461. Das vierte Kapitel fokussiert die einzelnen visuellen Aspekte des Wappenbriefes von 1461.

Die Hauptfrage dieser Arbeit lautet: Was stellte der Wappenbrief von 1461 in der Geschichte der Stadt Wien dar?

---

[1] Albert Camesina, Zur Wiener Geschichte, Wien 1853, in: http://digital.onb.ac.at/OnbViewer/viewer.faces?doc=ABO_%2BZ96524308 (abgerufen am 30. Juni 2022), S. 16.
[2] Wappenbrief, in: https://www.geschichtewiki.wien.gv.at/Wappenbrief (abgerufen am 30. Juni 2022).

I. Allgemeine Informationen über Wappenbriefe

Der Begriff ‚Wappenbrief' bezeichnet eine vom Kaiser ausgestellte Urkunde an eine adlige oder nicht adlige Person oder eine Familie.[3] Im 14. Jahrhundert änderte sich der Wappenbrief entscheidend, denn die Zahl zur Ausstellung von Wappenbriefen wuchs sehr. Der Wappenbrief erhielt ab diesem Zeitpunkt eine besondere Bedeutung, denn sie kam einer fürstlichen Verleihung gleich. Die Verleihung konnte vom Kaiser selbst erfolgen. Die Verleihung an nichtadlige Personen hatte keine unmittelbare Standeserhebung als adlige Person zur Folge.[4] Im 19. Jahrhundert änderte sich die Auswirkung der Verleihung von Wappenbriefen, diese hatte von nun an eine Standeserhöhung inne. Konkret bedeutete dies, dass seit dem 19. Jahrhundert die Verleihung eines Wappenbriefes mit der Standeserhöhung gleichgesetzt wurde.[5] Bei der Ansicht eines Wappenbriefes lassen sich zwei unterschiedliche Arten erkennen, eine ältere und eine neuere Art. Wappenbriefe nach älterer Art lassen eine unmittelbare Verbindung zwischen dem Aussteller und dem Begünstigten erkennen, wohingegen Wappenbriefe neuerer Art den Einfluss des römischen Kirchenrechts aufzeigen.[6] Wappenbriefe stellen eine Unterkategorie von sogenannten illuminierten Urkunden dar. In der Forschung haben illuminierte Urkunden wenige Aufmerksamkeit erhalten, da sie nicht primär der Kunstgeschichte zuzuordnen sind[7], obwohl der Begriff ‚illuminiert' eng mit der Kunstgeschichte verbunden ist.[8] Vielmehr stellten illuminierte Urkunden eine Vereinigung auf interdisziplinärer Basis dar.[9] Die bislang älteste, bekannte illuminierte Urkunde ist die Hochzeitsurkunde von Theophanu.[10] Diese Hochzeitsurkunde wurde am 14. April 972 von Kaiser Otto II. verliehen.[11]

---

[3] Gustav Pfeifer, Wappenbriefe, in: Josef Pauser u.a. (Hg.), Quellenkunde der Habsburgermonarchie im 16.-18. Jahrhundert, Wien 2004, S. 291-302, hier S. 292.
[4] Ebda.
[5] Daniel Maier, Die Wappenbriefe der Reichskanzlei zwischen Ludwig dem Bayern und dem frühen Maximilian I., Wien 2016, S. 14.
[6] Ebda., S. 16.
[7] Gabriele Bartz, Illuminierte Urkunden. Ein mittelalterliches Fabeltier oder eine Chance für die Forschung, in: https://manuscripta.at/Ma-zu-Bu/IllUrk/Gabriele-Bartz_IllUrk_2014.pdf (abgerufen am 30. Juni 2022), S. 1.
[8] Martin Roland und Andreas Zajic, Illuminierte Urkunden des Mittelalters in Mitteleuropa, in: Walter Koch und Theo Kölzer (Hgg.), Archiv für Diplomatik. Schriftgeschichte Siegel- und Wappenkunde, Köln 2013, S. 241-432, hier S. 244.
[9] Bartz, Illuminierte Urkunden. Ein mittelalterliches Fabeltier oder eine Chance für die Forschung, S. 1.
[10] Ebda., S. 2.
[11] Maier, Die Wappenbriefe der Reichskanzlei zwischen Ludwig dem Bayern und dem frühen Maximilian I., S. 15.

II. Allgemeine Informationen über den Wappenbrief von 1461

Für die Stadt Wien war der Wappenbrief von 1461 ein großer Gewinn. Dieser wurde am 26. September 1461 in Leoben von Kaiser Friedrich III. ausgestellt.[12] Mit diesem Wappenbrief und dem darauf abgebildeten goldenen Doppeladler erhielt die Stadt Wien das Recht, dass „sy den schilt mit dem guldein adler in dem swarczen veld, so sie vorher löblich geprauhet und geführt haben, nu hinfür zu ewigen zeiten denselben adler mit zwayn haubten geziert mit iren dyademen und zwischen denselben haubten ain kayserliche kron auch von gold in demselben swarczen veld des schildes, als die mit varben hiemit des briefs ausgestrichen seinn, in insigeln, secreten, banyern herhütten, füren, anslahen und in allen ritterlichen und erbern sachen, zu schimpf und zu ernst, geprauchen mügen".[13] Diese Wappenbeschreibung unterscheidet sich unwesentlich vom Original, da Historiker eine unterschiedliche Beschreibung für den Doppeladler nutzen als Kaiser Friedrich III. Letzterer beschrieb einen schwarzen Doppeladler auf goldenem Schild. Die abweichende Darstellung der Historiker könnte darauf begründet sein, dass die Stadt Wien bereits vor Verleihung des Wappenbriefes mit einem goldenen Doppeladler geschmückt war. Daher wurde bis Ende des 18. Jahrhunderts diese Wappenbeschreibung aufgeführt.[14] Der Wappenbrief von 1461 ist weder als Entwurf noch als Kopie in der Landeskanzlei enthalten. Eine Eintragung dieser fürstlichen Urkunde in die kaiserlichen Registerbücher kam zur damaligen Zeit nicht in Frage und dies könnte vermutlich der Hauptgrund dafür sein, warum die Farbe des Doppeladlers vom Original abweicht.[15] Joseph Chmel untersuchte die Regesten von 1452 bis 1493 des Kaisers Friedrich III. Obwohl die Regesten einen Eintrag am 26. September 1461, d.h. dem Datum der Verleihung des Wappenbriefes für die Stadt Wien, beinhalten, erwähnt Chmel diesen nicht. Chmel schrieb zu diesem Eintrag lediglich: „K. Friedrich bestätigt alle Privilegien des Frauenklosters Göss; den Uebertretern sollen alle Güter confiscirt und selbe unter ihm (den Kaiser) und dem Kloster vertheilt werden".[16] Albert Camesina, ein weiterer Gelehrter, befasste sich ebenfalls mit dem Wappenbrief von 1461 der Stadt Wien. Camesina veröffentlichte 1853 sein Werk ‚Zur Wiener Geschichte‘, in dem er

---

[12] Hanns Jäger-Sunstenau, 500 Jahre Wappenbrief für die Stadt Wien, in: Jahrbuch des Vereins für Geschichte der Stadt Wien 17/18 (1961/62), S. 53-85, hier S. 53.
[13] Ebda.
[14] Ebda., S. 53f.
[15] Ebda., S. 54.
[16] Joseph, Chmel, Regesta chronologico-diplomatica Friderici III. romanorum imperatoris, Wien 1840, S. 390.

sowohl das Wappenbild in Farbe sowie auch den vollständigen Urkundentext veröffentlichte.[17] Diese Überlieferung der farblichen Wappenabbildung und des vollständigen Urkundentextes sind auch in dem Standardwerk von J. A. Tomaschek aus dem Jahr 1879 zu finden.[18] Eduard Gaston Graf von Pettenegg überlieferte 1900 ebenfalls die farbige Wappenabbildung sowie wesentliche Auszüge des originalen Urkundentextes.[19] Karl Uhlirz veröffentlichte in seinem Werk ‚Quellen zur Geschichte der Stadt Wien' ebenfalls nur die wesentlichen Auszüge des Urkundentextes, jedoch ohne visuelle Darstellung des Wappenbildes.[20]

III.   Politische Hintergründe des Wappenbriefes von 1461

König Ladislaus Posthumus starb am 23. November 1457.[21] Die Spannungen zwischen Kaiser Friedrich III. und seinem Bruder, Erzherzog Albrecht IV., wuchsen. Beide Brüder fanden keinen Frieden miteinander, denn beide wollten die Herrschaft über Niederösterreich. Niederösterreich wollte einen Krieg innerhalb des eigenen Gebietes vermeiden. Daher wandte sich Ulreich Grießenpeck am 16. Juni 1461 an den Wiener Rat, mit der Bitte, beide Brüder von der friedlichen und zeitnahen Lösung ihrer Spannungen zu überzeugen. Erzherzog Albrecht IV. befürwortete jedoch keine (friedliche) Einigung mit seinem Bruder und erklärte ihm am 19. Juni 1461 den Krieg.[22] Sein Bruder, Kaiser Friedrich III., traf alle notwendigen Vorbereitungen zur Verteidigung der Stadt Wien. Er befahl dem Wiener Bürgermeister, Christian Prenner, die Verteidigung der Stadt Wien vorzunehmen. Kaiser Friedrich III. war selbst in Graz. Er verblieb dort mit seinen Truppen, sodass er und seine Truppen die Verteidigung der Stadt nicht selbst unterstützten bzw. vornahmen. Kaiser Friedrich III. riet dem Wiener Bürgermeister jedoch, Vorsicht walten zu lassen und auch achtsam zu sein, dass die Wiener Bürger keinen Verrat am Kaiser vornehmen. Am 30. Juni 1461 marschierte Erzherzog Albrecht IV. in Niederösterreich ein und rückte langsam zur Stadt Wien vor. Daher ordnete der Wiener Bürgermeister am 4. Juli 1461 an, dass alle, die sich auf des Erzherzogs Seite stellen, aus der Stadt verbannt werden.

---

[17] Camesina, Zur Wiener Geschichte, in: http://digital.onb.ac.at/OnbViewer/viewer.faces?doc=ABO_%2BZ96524308, (abgerufen am 01. Juli 2022), S. 12ff.
[18] J. A. Tomaschek, Die Rechte und Freiheiten der Stadt Wien, Wien 1879, S. 100f.
[19] Eduard Gaston Graf von Pettenegg, Geschichte des Wappens der Stadt Wien, in: Alterthumsvereine zu Wien (Hg.), Geschichte der Stadt Wien, Wien 1900, S. 1-34, hier S. 24.
[20] Karl Uhlirz (Hg.), Quellen zur Geschichte der Stadt Wien, Wien 1904, S. 61.
[21] Karl Schalk, Aus der Zeit des österreichischen Faustrechts 1440-1463. Das Wiener Patriziat um die Zeit des Aufstandes von 1462 und die Gründe dieses Ereignisses, Wien 1919, S. 134.
[22] Ebda., S. 168.

Zudem verbot Prenner allen Wiener Bürgern die Stadt zu verlassen, da sie für die Verteidigung der Stadtmauern gegen die Angriffe des Erzherzogs unabdingbar waren. Prenner wandte sich parallel an Kaiser Friedrich III. mit der Bitte, ihn und die Stadt Wien mit kaiserlichen Truppen zu unterstützen und die Stadt zu verteidigen. Auch sollten durch die zusätzliche Unterstützung die Kaiserin Eleonora und ihr Sohn Erzherzog Maximilian geschützt werden, beide hielten sich zur Zeit der Angriffe in der Stadt Wien auf. Der Kaiser schickte keine Hilfe. Am 1. August erreichte Erzherzog Albrecht IV. das nahe Umland der Stadt Wien. Daher wurden am 5. August 1461 die kaiserlichen Truppen im Kloster St. Theobald stationiert, um den (weiteren) Vormarsch der gegnerischen Truppen zu verhindern. Kaiserin Eleonore unterstützte die kaiserlichen Truppen. Hingegen unterstützte der König von Böhmen Erzherzog Albrecht IV. und entsandte seine Truppen in dessen Lager, um einen Waffenstillstand zwischen den beiden Brüdern zu erreichen. Die königlichen Truppen trafen am 8. August 1461 im Lager von Erzherzog Albrecht IV. ein. Jedoch konnten auch sie den Erzherzog nicht zu einem Waffenstillstand bewegen, da dieser weiterhin an seinem Ziel, nämlich die Herrschaft über Niederösterreich inklusive der Stadt Wien, festhielt. Am 12. August 1461 konnten die Truppen des Erzherzogs das Kloster St. Niklas einnehmen, das als Ausgangspunkt für den Angriff auf die Stadt Wien diente. Hingegen besetzten die Wiener Bürger und die kaiserlichen Truppen die Brücke über dem Wienfluss, sodass Erzherzog Albrecht IV. nach einem mehrstündigen Kampf seinen Truppen den Rückzug befehlen musste. Damit verblieb die Herrschaft über die Stadt Wien bei Kaiser Friedrich III. Im Zuge seines Sieges überlegte Kaiser Friedrich III., was mit der Stadt Wien passieren sollte und ob die Wiener Bürger für die erwiesene Treue einen kaiserlichen Wappenbrief erhielten sollen. Letzteres entschied er positiv, sodass er einen Monat später, am 26. September 1461, in Leoben den Wappenbrief mit dem Doppeladler für die Stadt Wien verlieh.[23] Dazu befindet sich noch heute in der Weiskirchnerstraße 1 in Wien eine Gedenktafel mit folgender Aufschrift: „Mittwoch den 12. August 1461 schlugen an dieser Stelle die Bürger Wiens den Angriff des aufständischen Herzogs Albrecht IV. zurück und erwarben sich dadurch das Recht den Doppeladler im Stadtwappen zu führen".[24] Der am 6. September 1461 geschlossene Waffenstillstand zwischen den Brüdern hielt bis zum 24. Juni 1462 an. Erste Kämpfe begannen jedoch bereits im Dezember 1461, worunter auch eine von den Wiener Bürgern gegen Kaiser Friedrich III. waren. Die Wiener Bürger waren frustriert über ihren Kaiser. Obwohl es den Wiener Bürgern im April 1462 gelang, die Stadt in Richtung Kahlenberg zu erweitern, wandten sie sich am 17. April an den Kaiser, da sie erheblich unter den feindlichen

---

[23] Jäger-Sunstenau, 500 Jahre Wappenbrief für die Stadt Wien, S. 58f.
[24] Hans Markl, Die Gedenktafeln Wiens, Wien 1949, S. 65.

Angriffen litten. Das feindliche Ziel war die Unterdrückung der Wiener Bevölkerung, sodass die Stadt und deren Bürgern von Elend und Unsicherheit erfasst wurde. Der Kaiser reagierte nicht auf die schreckenserregende Situation und unterstützte die Bürger, auch nicht nachdem bereits fünf Petitionen an ihn gesandt wurden. Aus dieser Unzufriedenheit heraus versammelten sich die Wiener Bürger am 25. Juli in Wien zu einem Landtag, aus dem die kaiserlichen Gegner siegreich hervorgingen. Die Unzufriedenheit mit dem Kaiser war so enorm, dass sich die Bürger gegen ihn wandten. Diese Situation nutzte Erzherzog Albrecht IV., der Bruder von Kaiser Friedrich III., und verbündete sich mit den kaiserlichen Gegnern. So kam es, dass am 12. August 1462 der Wiener Bürgermeister Prenner zusammen mit weiteren, kaisertreuen Beratern, verhaftet wurde. Am selben Tag wurde Wolfgang Holzer zum neuen Bürgermeister der Stadt Wien ernannt, von den kaiserlichen Gegnern unter Führung von Hans Kirchheim. Dies wiederum veranlasste Kaiser Friedrich III. zum Handeln und er brach mit seinen Truppen von Graz nach Wien auf. Beim Erreichen der Stadt Wien am 22. August 1462 wurde Kaiser Friedrich III. und seinen Truppen der Zutritt zur Stadt durch Bürgermeister Holzer verweigert. Holzer selbst wollte sich eine politische Position schaffen, die weder vom Kaiser noch vom Erzherzog abhängig war. Holzer konnte Kaiser Friedrich III. jedoch nicht aufhalten. Nach dessen Einzug ernannte der Kaiser daher Sebastian Ziegelhauser zum neuen Bürgermeister der Stadt Wien. Mit dieser Ernennung missbrauchte der Kaiser jedoch die Privilegien der Stadt, die eine freie Bürgermeisterwahl garantierten. Aus diesem Grund fand am 19. September 1462 neue Bürgermeisterwahl statt. In dieser Bürgermeisterwahl gewann Holzer erneut. Der Kaiser befand sich in einer schwierigen Lage. Hinzu kam, dass er seine Soldaten nicht länger bezahlen konnte und daher gezwungen war, viele von ihnen zu entlassen. Die entlassenen Soldaten begannen die Stadt Wien zu plündern. Die Wiener Bürger schlossen sich in dieser schwierigen Situation erneut zusammen und erteilten am 5. Oktober 1462 eine förmliche Absage an den Kaiser, der derzeitig in der Hofburg eingeschlossen und belagert wurde. Am 19. November gelang es den Wiener Bürgern die Stadt erfolgreich gegen die Truppen des Kaisers zu verteidigen. Der Erfolg hielt aufgrund der politischen Instabilität von Erzherzog Albrecht IV. jedoch nicht lange an. Die Wiener Bürger fielen dessen politischer Instabilität zum Opfer. Erzherzog Albrecht IV. musste am 2. Dezember in Korneuburg Frieden mit den Gesandten seines Bruders schließen, um den Kaiser freizulassen. Nach der Freilassung entzog Kaiser Friedrich III. unmittelbar das Recht der Stadt Wien zur Führung des Wappenbriefes und übertrug dieses Recht auf ihm treu gebliebene Städte, konkrete die Städte Krems und Stein. Daher führen auch beide Städte bis heute den goldenen Doppeladler mit der Kaiserkrone in ihren Wappen, basierend auf der Erteilung des Wappenbriefes vom 1. April 1463. Dieser

Wappenbrief ist nicht nur aufgrund der Wappenübertragung von besonderer Bedeutung für die Stadt Wien, sondern auch aufgrund des enthalten, ausführlichen Hinweis auf die Belagerung der Hofburg im November 1462. Trotz Entzug des Rechtes erhoffte sich der Wiener Bürgermeister Holzer durch den Wechsel zur kaiserlichen Partei sein Leben retten zu können. Er wurde jedoch zusammen mit weiteren Anhängern des Kaisers und Sebastian Ziegelhauser von Getreuen des Erzherzogs Albrecht IV. gefangen genommen und am 14. April 1463 hingerichtet.[25] Für die Wiener verbesserte sich die Situation damit jedoch (noch) nicht. Als Erzherzog Albrecht IV. unerwartet und plötzlich am 2. Dezember 1463 verstarb, waren Verhandlungen zwischen der Stadt Wien und dem Kaiser wieder möglich. Daher versprach Kaiser Friedrich III. im Jahr 1464 der Stadt Wien, das Recht zur Führung des Wappenbriefes von 1461 wieder zurückzugeben. Der Kaiser hielt sein Versprechen.[26]

IV. Visuelle Aspekte des Wappenbildes im Wappenbrief von 1461

Der Wappenbrief ist eine etwa 56x28 cm große Pergamenturkunde. Er enthält eine Plica von etwa 9 cm und an der Plica ist an einer rot gedrehten Seidenschnur das *„Sigilum maius ducale"*[27] des Kaisers Friedrich III. als Beglaubigung angehängt. Dieses Münzsiegel besteht aus farblosem Wachs und wurde seit 1460 von Kaiser Friedrich III. für das Reich als österreichischer Landesfürst verwendet, im Gegensatz zum Majestätssiegel.[28] Das Münzsiegel zeigt den Kaiser sitzend auf seinem Thron und unten aufgedrückt das kaiserliche Sekretsiegel.[29] Das Wappenbild mit dem Doppeladler des Wappenbriefes von 1461 ist auf einem schwarzen Schild abgebildet. Das Schild wird durch einen roten Rahmen gefasst. Der Rahmen ist 8,1 cm hoch und 7,7 cm breit. Der rote Rahmen wird durch einen blauen Rahmen umrandet, dieser hingegen von einem goldenen Rahmen. Der äußerste Rahmen ist grün. Die Hauptfarbe des

---

[25] Jäger-Sustenau, 500 Jahre Wappenbrief für die Stadt Wien, S. 59ff.

[26] Rudolf Geyer, Siegel und Wappen der Stadt Wien, in: Wiener Geschichtsblätter 1 (61), in: https://anno.onb.ac.at/cgi-content/anno-plus?aid=maw&datum=1946&page=44&size=45 (abgerufen am 01. Juli 2022), S. 1-42, hier S. 6f.

[27] Jäger-Sustenau, 500 Jahre Wappenbrief für die Stadt Wien, S. 54, Otto Posse, Die Siegel der deutschen Kaiser und Könige von 751 bis 1806, Bd. II., Dresden 1910, S. 13 (Tafel 27) und Wappenbrief, in: https://www.geschichtewiki.wien.gv.at/Wappenbrief (abgerufen am 02. Juli 2022).

[28] Jäger-Sustenau, 500 Jahre Wappenbrief für die Stadt Wien, S. 54 und Wappenbrief, in: https://www.geschichtewiki.wien.gv.at/Wappenbrief.

[29] Jäger-Sustenau, 500 Jahre Wappenbrief für die Stadt Wien, S. 54, Posse, Die Siegel der deutschen Kaiser und Könige von 751 bis 1806, S. 12 (Tafel 26) und Wappenbrief, in: https://www.geschichtewiki.wien.gv.at/Wappenbrief (abgerufen am 02. Juli 2022).

Wappenbildes ist Gold. Das schwarze Schild ragt in den blauen Rahmen hinein, sodass sowohl die Oberkante sowie auch die obere Schmalseite des plastischen Schildes zu sehen sind.[30] Dieses Detail, die Sichtbarkeit der oberen Schmalseite, wurde bei der Überlieferung von Camesina nicht aufgeführt. Vielmehr stellte die Überlieferung von Camesina einen Widerspruch zum Original dar, weil die Oberkante des schwarzen Schildes und der blaue Rahmen durch einen Strich des roten Hintergrunds dargestellt ist.[31] Auf dem schwarzen Schild ist der Doppeladler in Gold abgebildet. Über den Köpfen des Doppeladlers ist die Kaiserkrone platziert. Das Wappen im Wappenbrief von 1461, insbesondere der visuellen Darstellung der Inhalte auf dem schwarzen Schild, sind durch den Doppeladler und die Reichskrone mit wehenden Bändern definiert. Die Verwendung des Adlers basiert auf einigen Annahmen: Zur Zeit von Kaiser Friedrich Barbarossa war die Adlerfarbe noch nicht festgelegt und daher Zeitgenossen hielten sie jedoch allgemein für Gold. Die schwarze Farbe des Königsadlers wurde während der Regierungszeit von Kaiser Friedrich Barbarossas Sohn, etwa um die Jahrtausendwende von 1200, beschlossen. Diese Annahme begründet sich auf Entstehung und Weiterentwicklung des Wappenbriefes. Der schwarze Adler auf goldenem Hintergrund wurde bis 1808 als Symbol des römisch-deutschen Reiches und bis 1918 als Symbol des österreichischen Kaiserhauses verwendet. Er war auch Grundlage für die schwarz-gelb gestreifte Reichsflagge, die während des 19. Jahrhunderts entstand.[32]

Ursprünglich verwendete die Stadt Wien den Adler lediglich im Siegel. Gemäß dem Text des Wappenbriefes von 1461 ist erkenntlich, dass die Stadt Wien ihren Adler löblich brauchten und geführt haben. Jedoch sind keinerlei Informationen vorhanden, wie lange die Nutzung des Adlers bereits bestand, daher ist eine abschließende Feststellung nicht möglich. Die Herkunft des Doppeladlers ist jedoch anhand zwei Aspekte feststellbar. Erstens wird damit deutlich, dass der einköpfige Adler des alten Wiener Siegelbildes fortgeführt wurde. Mit dem Wappenbrief von 1461 wurde diesem ein weiterer Kopf sowie die Kaiserkrone hinzugefügt. Zweitens wird durch die Kaiserkrone verdeutlicht, dass die Stadt Wien durch die kaiserliche Verleihung lediglich ihr ursprünglichen Wappenbild eine Verbesserung erhielt. Die Herkunft und Bedeutung des Reichsadlers werden in vielen wissenschaftlichen Theorien erörtert.[33] Einigkeit besteht in allen veröffentlichten, wissenschaftlichen Theorien darüber, dass die Darstellung des

---

[30] Jäger-Sunstenau, 500 Jahre Wappenbrief für die Stadt Wien, S. 62.
[31] Camesina, Zur Wiener Geschichte, in:
http://digital.onb.ac.at/OnbViewer/viewer.faces?doc=ABO_%2BZ96524308 (abgerufen am 02. Juli 2022), S. 12.
[32] Jäger-Sunstenau, 500 Jahre Wappenbrief für die Stadt Wien, S. 62f.
[33] Ebda., S. 63.

Adlers auf germanischen, byzantinisch-römischen und orientalischen Traditionen basieren.[34] Von 1433, der Kaiserkrönung Sigismunds, bis 1806 war der Doppeladler auf allen römisch-deutschen Kaisersiegeln, wohingegen der einköpfigen Adler lediglich auf dem Königssiegel vorhanden war.[35] Kaiser Sigismund platzierte den Doppeladler bereits 1402 auf seinem Reichssiegel[36], während seine Vorgänger noch den einköpfigen Adler verwendeten, obwohl der Doppeladler bereits als Reichssymbol galt.[37] Die Kaiserkrone im Wappenbild entstammt dem zeitlichen Ursprung von 955, während der Schlacht am Lechfeld, und 962, der Krönung des Kaisers Otto I. Die Kaiserkrone stellt aufgrund ihrer langen Historie sowie der innewohnenden mystischen Funktion den wertvollsten Teil des kaiserlichen Symbols dar.[38] Sie wurde jedoch erst Ende des 14. Jahrhunderts als Symbol in das eigentliche Wappenwesen aufgenommen.[39] Der Wappenbrief von 1461 markiert einen bedeutenden Wendepunkt der Geschichte der Stadt Wien und des städtischen Wappens. Seither beinhaltet das Stadtwappen einen goldenen Kaiseradler auf schwarzem Schild.[40]

V. Zusammenfassung

Zusammenfassend stellt der Wappenbrief von 1461 einen Wendepunkt der Geschichte der Stadt Wien dar. Der Verleihung des Wappenbriefes ging der Konflikt zwischen den Brüdern, Kaiser Friedrich III. und Erzherzog Albrecht IV., bezüglich der Herrschaft über Niederösterreich voraus. Die Wiener Bürger unterstützen, wenn auch nicht ganzzeitig, Kaiser Friedrich III., da dieser ihnen die Verleihung eines Wappenbriefes versprach. Aufgrund der erhaltenen Unterstützung löste Kaiser Friedrich III. sein Versprechen ein und verlieh am 26. September 1461 in Leoben den Wappenbrief an die Stadt Wien. Seit diesem Tag ist die Stadt Wien zum Tragen des goldenen Doppeladlers mit Kaiserkrone auf schwarzem Schild berechtigt. Der Wappenbrief unterstreicht die Treue der Wiener Bürger zu Kaiser Friedrich III.[41]

---

[34] Percy Ernst Schramm, Herrschaftszeichen und Staatssymbolik. Beiträge zu ihrer Geschichte vom dritten bis zum sechszehnten Jahrhundert, Bd. III., Stuttgart 1956, S. 897.
[35] Posse, Die Siegel der deutschen Kaiser und Könige von 751 bis 1806, S. 8 (Tafel 14ff.).
[36] Ebda., S. 8 (Tafel 13).
[37] Jäger-Sunstenau, 500 Jahre Wappenbrief für die Stadt Wien, S. 65.
[38] Hermann Fillitz, Die Insignien und Kleinodien des Heiligen Römischen Reiches, Wien 1954, S. 15.
[39] Jäger-Sunstenau, 500 Jahre Wappenbrief für die Stadt Wien, S. 65.
[40] Ebda., S. 73.
[41] Geyer, Siegel und Wappen der Stadt Wien, in: https://anno.onb.ac.at/cgi-content/anno-plus?aid=maw&datum=1946&page=44&size=45 (abgerufen am 02. Juli 2022), S. 6.

Quellen- und Literaturverzeichnis

1. Quellen:

Chmel, Joseph, Regesta chronologico-diplomatica Friderici III. Romanorum imperatoris, Wien 1840.

Uhlirz, Karl (Hg.), Quellen zur Geschichte der Stadt Wien, Wien 1904.

2. Online-Quelle:

Camesina, Albert, Zur Wiener Geschichte, Wien 1853, in: http://digital.onb.ac.at/OnbViewer/viewer.faces?doc=ABO_%2BZ96524308 (abgerufen am 02. Juli 2022).

3. Literaturen:

Fillitz, Hermann, Die Insignien und Kleinodien des Heiligen Römischen Reiches, Wien 1954.

Jäger-Sunstenau, Hanns, 500 Jahre Wappenbrief für die Stadt Wien, in: Jahrbuch des Vereins für Geschichte der Stadt Wien 17/18 (1961/62), S. 53-85.

Maier, Daniel, Die Wappenbriefe der Reichskanzlei zwischen Ludwig dem Bayern und dem frühen Maximilian I., Wien 2016.

Markl, Hans, Die Gedenktafeln Wiens, Wien 1949.

Pettenegg, Eduard Gaston Graf von, Geschichte des Wappens der Stadt Wien, in: Alterthumsvereine zu Wien (Hg.), Geschichte der Stadt Wien, Wien 1900, S. 1-34.

Pfeifer, Gustav, Wappenbrief, in: Pauser, Josef u.a. (Hg.), Quellenkunde der Habsburgermonarchie im 16.-18. Jahrhundert, Wien 2004, S. 291-302.

Posse, Otto, Die Siegel der deutschen Kaiser und Könige von 751 bis 1806, Bd. II., Dresden 1910.

Roland, Martin und Zajic, Andreas, Illuminierte Urkunden des Mittelalters in Mitteleuropa, in: Koch, Walter und Kölzer, Theo (Hgg.), Archiv für Diplomatik. Schriftgeschichte Siegel- und Wappenkunde, Köln 2013, S. 241-432.

Schalk, Karl, Aus der Zeit des österreichischen Faustrechts 1440-1463. Das Wiener Patriziat um die Zeit des Aufstandes von 1462 und die Gründe dieses Ereignisses, Wien 1919.

Schramm, Percy Ernst, Herrschaftszeichen und Staatssymbolik. Beiträge zu ihrer Geschichte vom dritten bis zum sechzehnten Jahrhundert, Bd. III., Stuttgart 1956.

Tomaschek, J. A., Die Rechte und Freiheiten der Stadt Wien, Wien 1879.

4. Online-Literaturen:

Bartz, Gabriele, Illuminierte Urkunden. Ein mittelalterliches Fabeltier oder eine Chance für die Forschung, in: https://manuscripta.at/Ma-zu-Bu/IllUrk/Gabriele-Bartz_IllUrk_2014.pdf (abgerufen am 30. Juni 2022).

Geyer, Rudolf, Siegel und Wappen der Stadt Wien, in: Wiener Geschichtsblätter 1 (61), in: https://anno.onb.ac.at/cgi-content/anno-plus?aid=maw&datum=1946&page=44&size=45 (abgerufen am 02. Juli 2022), S. 1-42.

Wappenbrief, in: https://www.geschichtewiki.wien.gv.at/Wappenbrief (abgerufen am 30. Juni 2022).

Anhang

1. Das Wappenbild im Wappenbrief von 1461[42]

[42] Tomaschek, Die Rechte und Freiheiten der Stadt Wien, S. 101.

2. Der Text im Wappenbrief von 1461[43]

ir *Fridreich* von gots gnaden Römischer kaiser, zu allen zeitn merer des reichs, zu Hungern, Dalmatien, Croatien etc. kunig, herzog ze Osterreich, ze Steir, ze Kernden und ze Krain, herr auf der Windischen March und zu Portenau, graf zu Habspurg, zu Tirol etc., ze Pfiert und ze Kyburg, marggrave ze Burgau und lantgrave in Ellsass bekennen für uns, unser erben und nachkomen und tun kund offentlich mit dem brief. Wiewol wir von angeborner gutikait genaigt sein aller unserr undertanen und getreun nutz, eer und aufnemen zu bestellen und ze furdern, iedoch so werden wir meer bewegt den gnad ze beweisen, die wir in ganzer stätikait und lautern treun in unsern diensten und gehorsamkeiten für ander willig finden, und wann nu der burgermaister, richter, rat, genanten und unser burger gemainclich unserr wirdigen stat zu Wienn sich ditzs sumers wider und gegen herzog *Albrechten* von Oesterreich und ander unser widersachen von Hungern, Beheim und Bayrn und etlichen ungehorsamen landleuten desselben unsers furstentumbs Oesterreich, so demselben herzog *Albrechten* von Osterreich hilf und beistand getan, sich für die ietzgenanten unser stat Wienn mit herzügen und veldern gelegert, uns ze schaden und widerwertigkait mit besess geslagen hetten, so werlich, aufrichticlich, treulich und vesticlich gehalten dieselb unser stat mit gwalt und werhafter hant geredt und behabt, den egenanten herzog *Albrechten* mit den seinn aus unserr vorstat vor Stubentor gedrungen, und ir leib und gut uns als irem naturlichen erbherren und landfürsten und in selbs zu eeren, rume und nutz als frum und getreu leut und undertan nicht gespart, sunder in den und andern merklichen sachen also danknémlich gehalten haben, das wir pillich gen in und iren kindern und nachkömen nicht unbelonet mainen ze lassen. Und darumb so haben wir aus aigner bewegnuss und miltikait den schatz unserr kaiserlichen macht und gewaltsam gegen den vorgenanten burgermaister, richter, rate, genanten und gemaine ze Wienn aufgesperret und mit wolbedachtem müt, guter vorbetrachtung und rechtem wissen in die sunder gnad getan, tun auch aus Römischer kaiserlicher macht volkomenhait und als landesfurst in Osterreich wissentlich in kraft ditzs briefs, daz sie den schild mit dem guldein adler in dem swarzen veld, so sie vorher löblich geprauhet und gefurt haben, nu hinfur zu ewigen zeiten denselben adler mit zwain haubten geziert mit irn diademen und zwischen denselben haubten ain kaiserliche kron auch von gold

in demselben swarzen veld des schildes, als die mit varben hiemit des briefs aufgestrichen sein, in insigeln, secreten, baniern, herhuten, furn, anslahen und in allen ritterlichen und erbern sachen zu schimpf und zu ernst geprauchen mügen, wie sie des verlust, und der statt not und zirde ervordret und eraischet, an meniclichs irrung und hindernuss an geverde. Daz auch dieselben burgermaister, richter, rat, genanten und gemainde ze Wienn volkomendlicher sehen von uns begnadet ze sein, so tun wir in dise sundre gnad und freihait auch wissentlich in kraft des briefs und mainen, setzen und wellen, das in hinfur auch zu ewigen zeiten

aus unserr und unserr erben und nachkomen landesfursten in Österreich cancellei in privilegien und allen andern briefen ir titulus gesetzet und geschriben sol werden: *ersamen, weisen, besunder lieben und getreun* an geverde. Davon gepieten wir allen und ieglichen des heiligen reichs fursten, geistlichen und weltlichen und besunder ainem iedem unserm, unserr erben und nachkomen landesfursten in Osterreich canceller, so ietzuzeiten sein wirdet, auch allen landvogten, graven, freien, herren, rittern und knechten, kunigen der wappen, herhalden, persevanten, burgermaistern, schultheissen, richtern, réten, gemainden und allen andern unsern und des heiligen reichs auch unserr erblichen lande ambtleuten und undertanen ernstlich und vesticlich, daz sie die vorgenanten burgermaister, richter, rat, genanten und burger und ir nachkomen daselbs zu Wienn bei disen unsern gnaden, klainaten, wappen und titel genzlich beleiben lassen und in daran dhain irrung oder hindernuss nicht tun noch des iemands anderm ze tun gestatten in dhain weis, als liebe in allen und ir iedem sei unsere swere ungnad zu vermeiden. Das ist unser ernstliche mainung. Mit urkund des briefs under unserr kaiserliche majestat anhangundem insigl. Geben zu Leuben an sambstag vor sand Michelstag nach Kristi gepurde im vierzehen hundert und ains und sechzigisten, unsers kaisertumbs im zehenden, unserr reich des Römischen im zwai und zwainzigisten und des Hungrischen im dritten jaren.

---

[43] Ebda., S. 100f.

3. Die Pergamenturkunde[44]

4. Das Wappenbild bei Camesina[45]

[45] Camesina, Zur Wiener Geschichte, in:
http://digital.onb.ac.at/OnbViewer/viewer.faces?doc=ABO_%2BZ96524308 (abgerufen am 06. Juli 2022), S. 12.